# COMMENTAIRE

DU

# Chantre Jérôme

DE GONESSE,

SUR

*La 1re Représentation*

DES

# HUGUENOTS,

Opéra en cinq actes,

**PAROLES DE M. SCRIBE, MUSIQUE DE M. MEYERBEER.**

*Risum tencatis amici.*

# Paris.

CHEZ DELLOYE, ÉDITEUR,

RUE DES FILLES-SAINT-THOMAS, Nº 13, PLACE DE LA BOURSE.

**1836.**

OEUVRES COMPLÈTES

ŒUVRES

Paris

CHEZ DELLOYE, ÉDITEUR

1829

# COMMENTAIRE

## DU CHANTRE JÉROME

SUR

LA 1<sup>re</sup> REPRÉSENTATION

### DES HUGUENOTS,

OPÉRA.

*Risum teneatis, amici.....*

## INTRODUCTION.

C'est affiché...! bon public, plus de crainte :
  Après un 'effort inouï,
Depuis dix mois l'Académie enceinte
  Sans forceps accouche aujourd'hui,
Paris est en émoi, tout le monde s'apprête :
  Un opéra de l'auteur de *Robert* !
  Un opéra de Meyerbeer...!
  Ah ! c'est pour tous un jour de fête...
Moi, Jérôme Gacheux, qui suis chantre au lutrin,
  Et puis serpent dans la garde civique,
Moi qui chante *Robert* le soir et le matin,

Un peu proprement, je m'en pique,
Dans le chef des claqueurs mettant tout mon espoir,
Je me dis : Eh ! pourquoi n'irais-je pas le voir?
Ce jour-là, c'est à lui qu'appartient la puissance ;
Pour me faire accueillir point ne faut d'éloquence :
Je montrerai mes mains plus larges qu'un battoir.
Je me présente..... Là, comme chez un ministre,
    On fait antichambre long-temps,
   En compagnie avec certaines gens
   Aux bras nerveux, au visage de bistre.
— « Ah! vous voilà, messieurs! dit une grosse voix ;
  « Entrez, Romains, entrez, Carthaginois.
« Salut, *Siffle-à-propos, Main-d'acier, Gueule-forte* ;
  « Salut, salut! ce soir soyez tous prêts,
  « Car il nous faut un immense succès,
   « Et nous n'irons pas de main-morte...
« Mais toi, quel est ton nom? — C'est Jérôme Gacheux,
  « Chantre au lutrin de mon village ;
  « Je suis venu, suivant l'usage,
  « Vous offrir... — Bon, je sais ce que tu veux.
« De ta voix, avant tout, voyons quelle est la sorte.
« Fais entendre bravo! — Bravo! bravo! — C'est bien.
  « Pourras-tu crier : A la porte..?
  — « Je le dis souvent à mon chien.
— « Tu le sais, c'est sur nous que le succès se fonde.
  « Sauras-tu bien demander les auteurs?
  — « Auteurs, acteurs ; musiciens, danseurs,
  « Je demanderai tout le monde.
— « A merveille Messieurs, vous viendrez me trouver
« Au cabaret voisin, pour régler *notre affaire*,
  « Et cette fois, par extraordinaire,
  « Vous aurez soin de vous laver. »

# UNE HEURE AVANT LE LEVER DU RIDEAU.

Nous sommes introduits ; le public que l'on frustre
A dû céder le pas aux chevaliers du lustre ;
En brigades de cinq nous voilà tous placés.
    La foule arrive à flots pressés.
Ce jour-là, le parterre est un salon immense
Où chaque convié trouve une connaissance.
    — « Ah! vous voilà!—C'est toi!—C'est vous!—C'est lui !
    — « Eh bien ! mon cher, c'est aujourd'hui ! »
    On jase, on crie, on s'interroge :
— « Je suis allé vingt fois pour louer une loge.
« Pas moyen... Et comment avez-vous un billet?
— « Je l'ai payé cent francs, voilà tout mon secret.
— « Les bureaux cependant...— Ils s'ouvrent dans la rue ;
« C'est pour nous éviter l'ennui de la cohue...
— « Avez-vous remarqué ces honnêtes marchands?
— « Leur langage est si doux, leur forme si polie ,
« Qu'on pourrait supposer qu'ils viennent aux passants
    « Demander la bourse ou la vie.
« Mon billet, dit un autre, est un billet d'auteur,
« Et, je le dis tout bas, je le tiens d'un claqueur... »
    Une dame de haut parage
S'adresse à son voisin : « Connaissez-vous l'ouvrage?
« Avez-vous entendu les répétitions?
« On dit que nous aurons beaucoup d'*émotions*.
    « Ah ! je m'en réjouis d'avance...
« Dernièrement j'ai vu décapiter Fieschi :
    « Ce soir on montrera, je pense ,
    « Le cadavre de Coligny... »
Un personnage arrive dans la salle,
Et gravement va réclamer sa stalle :
    C'est l'illustre compositeur

De ces galops fameux, admirables vétilles ;
C'est Musard , qui vient voir, au nom de l'éditeur,
Combien dans ce chef-d'œuvre on trouve de quadrilles :
Nous avions *le Danois*, nous aurons mieux demain ;
Tirer un pistolet, ou briser une chaise ,
Vieux moyens.... nous allons danser la chaîne anglaise,
    Au son ravissant du tocsin...!
Les trois coups sont frappés. — Assis ! assis ! — Silence !
    L'orchestre est prêt ; son digne général,
Habeneck de l'attaque a donné le signal.
—Un ! deux ! trois !... Pa-pa-pan !—La timbale commence,
Et l'introduction est faite sur un air
D'un vieux compositeur qu'on appelle Luther.

---

# PREMIER ACTE.

On lève le rideau ; la scène représente
Un salon disposé comme un vrai restaurant :
    Des bambocheurs, au nombre de quarante ,
    De godailler attendent le moment.
— « Mais pourquoi ce retard ? Nevers, c'est ridicule.....
« Je crains en vérité que le gigot ne brûle. »
    Un jeune homme arrive en chantant.
C'est Raoul de Nangis, l'un des chefs hérétiques ;
Il vient casser la croûte avec les catholiques.
— « A table ! dit le comte, à table ! mes amis ;
    « Buvons, buvons, remplissons nos bedaines ,
« Et que chacun de nous raconte ses fredaines.
    « Commencez, Raoul de Nangis.
— « Je le veux bien : un jour je flânais dans la rue,
    « Quand j'aperçois une jeune inconnue ;

« Des étudiants voulaient la faire aller,
« Mais ma lame à l'instant les force à détaler.
« Timidement j'ose m'approcher d'elle ;
   « *L'hermine est moins blanche et moins belle.*
« Quelle taille ! quels pieds ! quel feu brille en ses yeux !
   « En un mot j'en suis amoureux..... »
L'histoire est racontée en très-belle musique.
Ce sont bien les accents d'un tendre troubadour,
Accompagnés, je crois, d'une viole d'amour.
Là, nous crions bravo ! c'était notre réplique,
   La basse *racle*... elle annonce Marcel
Toutes les fois qu'il parle ou qu'il arrive ;
C'est un vieux huguenot qu'un facétieux convive,
Je ne sais trop pourquoi, nomme saint d'Israël.
   Il suivait son maître à la piste.
— « Ciel ! Raoul a pris place au banquet du papiste !
   « Que faire ? A moi, divin Luther...
« Il faut par ton secours l'arracher de l'enfer... »
La basse *racle* encor, l'assemblée est surprise
D'entendre en ce moment une chanson d'église.
   — « Mais qu'est-ce donc ? — C'est un chant protecteur,
« Dit Raoul. — Ce valet m'a l'air d'un vieux blagueur,
   « Reprend un autre ; il faut le faire boire...
« Avance ici, farceur, viens trinquer avec nous.
   — « Je ne bois pas avec des fous...
— « Il ne boit pas ! c'est bien une autre histoire ;
   « Il faut qu'il chante alors. — Chantez, chantez. »
   Marcel dit en riant sous cape :
— « Je vais vous travailler, messieurs les gens du pape !
— « Chantez. — Je le veux bien... Pif, paf, pouf, écoutez. »
Puis il chante avec verve une chanson fort belle,
Que Muzard donnera comme valse nouvelle.
Un valet de Nevers, qui marche drôlement,
Lui dit : « On vous demande. — Allons, quelle bêtise !

« Je n'y suis pour personne ; il faut que je me grise.
« —Mais….—Paix.—C'est une femme.—Une femme! un moment,
« Serait-ce une grisette ?… une dame musquée ?
— « *Je ne l'ai jamais vue*…. Elle est d'ailleurs masquée.
— « C'est bien , fais-la venir dans mon petit boudoir ..
« Attendez-moi , messieurs ; si c'est ce que je pense ,
« Je ne donnerai pas une longue audience…
— « Amis ! par ce judas nous pourrons tous la voir.
« Silence… doucement… elle est ma foi charmante !
« Raoul, mais venez donc , l'aventure est piquante !
« Avez-vous peur de vous crever les yeux ?
— « Non , j'en risque un…. Mais c'est elle ! Grands dieux !
« Je ne me trompe pas ; je n'ai pas la *berlue*… ! »
Il reconnaît… — Qui donc ? — Parbleu , son inconnue…
— « Nevers revient , il est triste , soucieux.
— « J'espérais me mettre en ménage.
« La reine ne veut pas ; quel caprice ! j'enrage… »
En ce moment , chez le comte introduit ,
S'avance en saluant une espèce de page ;
Il ne chante pas mal , et c'est vraiment dommage
Qu'il ait l'air gai comme un bonnet de nuit.
— « Messieurs , je désire remettre
« A sire de Nangis une importante lettre.
— « Une lettre ! voyons… Près de la vieille tour ,
« Raoul, vous vous rendrez vers le milieu du jour ;
« On bandera vos yeux, vous vous laisserez faire,
« Vous serez conduit… Où ? Ce n'est pas votre affaire…
— « C'est une farce , eh bien ! ça m'est égal ,
« J'irai… Messieurs, lisez ce billet apocryphe.
— « O surprise… Grands dieux ! c'est son cachet, sa griffe !
— « Vous le savez, Raoul, je suis un bon ami…
« Dans l'heureux avenir qui pour vous se prépare
« De vos faveurs ne soyez point avare.
« Dois-je compter sur vous ? — Le devons-nous aussi… ?

— « Allons donc, vous riez... me croyez-vous si buse...
« Que puis-je faire? —Tout. —Tout! —Tout assurément. »
Ah ! s'il peut faire *tout*, dit un mauvais plaisant,
    Qu'il fasse donc que je m'amuse!

## SECOND ACTE.

L'orchestre a commencé, ce n'est plus un coral,
Et l'entr'acte est, je crois, du genre pastoral.
Je n'ai point cependant entendu de musette ;
    Mais Tulou, le fameux flûteur,
Y fait le rossignol, le pinson, la fauvette ;
Et c'est charmant. J'allais applaudir de bon cœur,
    Quand mon brigadier me fit signe
    Que ce n'était pas la consigne...
La toile monte à la fin du solo.
    — « A nous ! bravo ! bravo ! bravo !
« A bas la claque ! A la porte ! Silence !... »
    On voit un escalier immense,
Et cette fois chacun est assuré
Que l'intérêt va marcher par degré.
Pour commencer, la reine Marguerite
    Roucoule un air plein de douceur
Sur la Touraine et son ciel enchanteur.
Valentine paraît, elle a fait sa visite.
    — « Eh bien ! Nevers...? l'avez-vous vu ?
— « Oui, madame, il consent, notre hymen est rompu.
« C'est un bien bon garçon, mais que dira mon père ?
— « Le comte de Saint-Bris ? Bah ! j'en fais mon affaire ;
« S'il fait la grosse voix nous saurons l'adoucir.
— « Et Raoul ? — Pauvre enfant ! Raoul ! il va venir.
— « Je n'oserai jamais... Au point où nous en sommes...

— « Je me charge de tout ; je ne crains par les hommes. »
Une dame d'honneur, qui parle rarement,
Grande et belle, ma foi, vient dire en grasseyant :
  « Il fait bien chaud, madame, l'on suffoque ;
« Evitez les rayons d'un soleil si brûlant,
« Sous l'ombrage et dans l'eau de ses feux on se moque. »
En effet, dans le fond on aperçoit des bains.
Moi, claqueur, je devrais éviter la satire ;
  Et cependant je suis forcé de dire
    Qu'en regardant certaines mains
On devine aisément que c'est de l'eau pour rire.
J'entends un chœur suave, aux accords féminins ;
Je pourrais, imitant Fétis ou Castil-Blaze,
  Vers la science aussi prendre mon vol,
    L'analyser phrase par phrase,...
Je dirai seulement qu'il est... en mi bémol !...
Et cela pour prouver qu'au lutrin de Gonesse
  On est savant sans que cela paraisse.
    Ici commence un divertissement,
    D'un effet très-neuf et piquant ;
  On voit danser les femmes qui sont nues,
  Et se baigner celles qui sont vêtues.
L'on annonce Raoul. Sans se faire prier,
Comme s'il voyait clair, il descend l'escalier.
Ce qui n'est pas moral, il faut que je le dise,
C'est qu'il passe au milieu de femmes en chemise.
— « Ah ! dit mon brigadier, regarde avec quel art
  « L'acteur joue à colin-maillard !
— « C'est vrai... Bravo ! bravo ! — A la porte ! — Silence...
« Mais, Jérôme, tais-toi, ce n'est pas le moment ;
« Tu me feras casser, avec ton imprudence ;
« Attends pour faire feu notre commandement...
  — « Sire Raoul, reprend la reine,
  « Tout le monde a lu mon billet,

« Mais c'est égal, je vous trouve discret
« Et vous permets d'ôter ce bandeau qui vous gêne.
   — « Que vois-je ? Est-ce un rêve trompeur ?
« Est-ce bien moi qui suis en si bonne fortune ?
« Ma foi j'aime la blonde encor mieux que la brune...
« Serait-il vrai, madame ? Ah ! c'est trop de bonheur. »
La reine qui paraît une franche luronne,
   Marmotte à part : — « Il est très-bien, ma foi ;
     « Je devrais le garder pour moi.
« Pour n'en rien faire il faut que je me tienne à quatre.
« Chevalier, jurez-vous de toujours m'obéir ?
« D'un serment quelquefois on peut se repentir.
   — « Je le jure à vos pieds : pour vous faut-il me battre ?
« Faut-il ?... » — Un page dit : « Les seigneurs d'alentour
   « A votre majesté viennent faire la cour.
     — « Sa majesté ! Dieux ! quelle école !
     — « Vous paraissez désenchanté :
« Qu'a donc de si fâcheux ce mot de majesté ?
« Regrettez-vous ?... — Jamais ; j'ai donné ma parole...
   — « En ce cas, chevalier, connaissez mes projets :
     « Avec Saint-Bris vous avez un procès.
   « Pour en finir je vous donne sa fille ;
     « Catholiques et protestants
     « Ne vont faire qu'une famille.
   « Partout la joie et les embrassements...
« C'est un but politique, et mon espoir se fonde
   « Sur vous, Raoul. — Je tiendrai mon serment :
   — « Quant à votre future, aimez-la tendrement...
   — « Je l'aimerai, car j'aime tout le monde.
   — « A ces conditions je vous attache à moi,
     « Et plus tard vous saurez pourquoi...
   — « Je le sais bien, dit doucement le page...
— « Qu'avez-vous donc ? — Rien, madame.... J'enrage. »
   Voici venir des courtisans nombreux ;
     Et Marcel, qui, grâce au poète,

Ne paraît pas très-fort sur l'étiquette,
Sans aucune façon se range au milieu d'eux.
— « Nobles et chevaliers, votre aimable visite
  « Vient à propos ; elle doit me charmer ;
 « Ecoutez tous ma voix : la reine Marguerite
   « Vous ordonne de vous aimer. »
Raoul, Saint-Bris, Nevers, jurent tous trois ensemble.
Marcel s'en mêle aussi ; mais chacun, ce me semble,
Pour cacher ce qu'il pense a fait un vain effort,
   Car dans l'abandon de leur haine,
  Dans le serment que commande la reine,
Ils ne m'ont pas paru parfaitement d'accord.
— « Et maintenant, Raoul, de votre prétendue,
   « De l'héritière des Saint-Bris
« Vous devenez l'époux... par moi soyez unis.
« Valentine, approchez... — O ciel, mon inconnue !
« Moi, son mari ! jamais, c'est une trahison...
—Comment ! jamais !—Jamais !—Qu'entends-je ! et la raison ?
— « Je ne la dirai pas... Tudieu, quelle farceuse !
« Marcel, cette beauté que j'aimai si long-temps,
   « *Pure comme un jour de printemps,*
« C'est celle que Nevers... — Bah ! — Trahison affreuse !
— « O rage ! » dit Saint-Bris... Tout le monde est en l'air :
Et Marcel chante encor un motif de Luther.
Mille cris à la fois font retentir la salle ;
Le désordre est complet, c'est la bourse ou la halle ;
Chacun parle à la fois, et si grand est le bruit,
Que j'applaudis très-fort, sans savoir ce qu'on dit.

## TROISIÈME ACTE.

Mais le jour baisse, et l'on y voit à peine.
Nous sommes maintenant sur les bords de la Seine,
  Aux Prés-aux-Clercs. Là sont des étudiants,

Des ouvriers, des moines, des marchands,
Un cabaret, des tables, des banquettes,
Des soldats, des bourgeois et surtout des grisettes.
Parmi les huguenots se trouve un grand flandrin
Qui chante des couplets que chacun redemande.
Il est cause, ma foi ! que j'ai parlé latin :
J'ai crié vingt fois *bis* sans qu'on me le commande.
    Après ce rataplan joyeux,
Des filles font entendre un air religieux.

  Tranquillement un cortége défile ;
Suisses, pages, bédeaux, sont placés à la file ;
Puis Saint-Bris, puis Nevers, ce commode amoureux,
Qui prend, quitte, reprend la belle Valentine :
On va se marier, tout cela se devine.
Mais, dans cette paroisse, on a bien vite fait,
    Car le marié reparaît,
    Accompagné de son beau-père ;
Il lui dit que sa femme est restée en prière,
Qu'il part pour revenir la reprendre plus tard.
Le comte de Nevers me semble un peu jobard ;
Mais je me tais de peur d'éveiller la critique ;
Et, d'ailleurs, c'est peut-être un effet dramatique.
  Le vieux Marcel, un papier à la main,
Cherche Saint-Bris :—« Seigneur, par ordre de mon maître,
« Je viens en toute hâte apporter cette lettre.
—« Donne... C'est un cartel.—Comment ! dit le voisin,
« Du petit huguenot ? de Raoul ?.. Quel délire !...
   —« Lis, Maurevert, ce qu'il ose m'écrire :
    « Si je viens de vous outrager,
    « Si j'ai méprisé votre fille,
  « Et des Saint-Bris dédaigné la famille,
  « L'insulte est grave, et je veux... m'en venger
    « Par un duel que je vous propose.
« Ce ne sont point ici des paroles en l'air :
    « Pour tirer votre affaire au clair,

« Nous nous verrons à la nuit close. »
— « L'insolent !... De Raoul j'accepte le cartel ;
 « Je l'attendrai... Qu'il le sache, Marcel.
— « Bah ! bah ! dit Maurevert, qui m'a l'air d'un jésuite,
« Un duel !... J'ai des moyens pour en finir plus vite.
—« Lesquels? reprend Saint-Bris.—Parlons un peu plus bas,
« Ou plutôt faisons mieux, ici ne parlons pas ;
 « C'est mon secret : pour que je vous le dise,
« Il faut absolument que je sois dans l'église.
— « Eh bien ! soit, je t'y suis... » Et les voilà partis.
 Mais du couvrefeu voici l'heure.
 — « Que chacun rentre en sa demeure ;
« Rentrez, rentrez, habitants de Paris ! »
S'écrie un petit homme à la voix grosse et forte ;
Et tous disent : « Rentrons, rentrons dans nos logis. »
 C'est une frime ou le diable m'emporte,
Car, pour sortir, bientôt chacun ouvre sa porte.
 Pour un moment le théâtre est désert ;
 Puis on revoit Saint-Bris et Maurevert
Marcher à pas de loup, parler avec mystère.
Ils ont dans la chapelle arrangé leur affaire :
 — « C'est convenu, dans une heure, en ce lieu.
 — « Nous y viendrons en force. — Adieu. »
Par bonheur dans l'église il se trouve une femme :
 Valentine, en train de prier,
Comme l'a dit Nevers, derrière un gros pilier,
Entend tous les détails de ce projet infâme.
 — « Mon Dieu ! comment le faire prévenir ?
« Il faut sauver Raoul et l'honneur de mon père.
 « O ciel ! que résoudre ? où courir ?
« S'il n'était pas si tard, quelque commissionnaire...»
 La basse *racle...* « J'y serai,
 « Et, s'il meurt, eh bien ! je mourrai.
— « Je ne me trompe pas... c'est son valet fidèle.
 « Marcel ! — Qui vive ? — Une femme : as-tu peur ?

— « Une femme ! à cette heure ! O serpent tentateur !
« Je sais ce que tu veux ; éloigne-toi , ma belle.
    « Pour t'écouter tu me crois donc bien sot ?
        — « Je ne suis pas ce que je dois paraître.
« Tu te trompes : je viens dénoncer un complot ;
« Dans une heure, ici même, on va tuer ton maître !
    — « O ciel ! explique-toi. — Je retourne prier ;
« Tu me retrouveras derrière mon pilier.
        — « Pauvre Raoul ! Ah ! je respire à peine. »
En ce moment viennent des férailleurs
        Qui se donnent beaucoup de peine
        Pour jouer une longue scène
        Qu'ils devraient aller faire ailleurs.
        Suivant l'usage, on doit se battre.
A l'épée, au poignard, et quatre contre quatre.
En face l'un de l'autre ils viennent se placer,
A quinze pas d'abord.... Ils pourraient se blesser !
On va croiser le fer, on recule, on avance.
        Enfin le cliquetis commence...
    Pour balancer les amis de Saint-Bris,
Dont un lâche a guidé la fureur assassine,
        Le bon Marcel à la sourdine
        A réuni ceux de Nangis.
        « Accourez, braves calvinistes,
        « Dit-il de sa tonnante voix,
« Fondons sur ces brigands, ces infâmes papistes.
        « Ils sont quarante contre trois. »
Les femmes, les enfants, sortent de leurs cassines.
« Arrêtez ! arrêtez !... » C'est terrible et touchant.
    En quatre mots, l'on croit voir un pendant
        Au fameux tableau des Sabines,
        Un peu moins classique pourtant.
— « Quand tu commenceras à n'y plus rien comprendre,
« Me dit mon brigadier, c'est l'instant le plus beau,
    « Et le moment de crier tous : Bravo !

— « Bravo ! — Ce n'est pas là , Jérôme, il faut attendre.
—«Mais depuis très-long-temps, moi, je n'y comprends rien.
     — « Bravo ! bravo ! très-bien ! très-bien ! »
Pour arranger tout ça, l'auteur devrait de suite
     Faire arriver la reine Marguerite.
Mais la voici...—« Messieurs, pourquoi tout ce train-là !
     « Quel désordre ! quel brouhaha !
     — « C'est ce Saint-Bris , ce scélérat, ce traître,
« Qui voulait sans façon assassiner mon maître.
— « Ah ! c'est peu délicat.—Madame, il n'en est rien.
     « Ce vieux sorcier ment comme un vrai païen.
— « Le complot s'est tramé dans une sacristie.
« Mais le Ciel veille à tout ; un bon ange était là ,
     « Et ce bon ange, le voilà...
— « Ma fille ! dit Saint-Bris ; ô rage ! ô perfidie ! »
     Une fanfare annonce le retour
Du comte de Nevers , qui vient chercher sa femme.
     De cent flambeaux on voit luire la flamme,
Et cette fois la nuit brille plus que le jour.
— « Madame, vous voyez ma barque lanternée :
« Elle doit vous conduire au banquet d'hyménée,
« En *pompe en* mon logis...—Que dit-il ? en pompant ?
— « C'est en pompe, nigaud. — Le mot est très-plaisant ;
« Il paraîtrait qu'Odry s'est mêlé du poème. »
Le cortége s'ébranle, et la reine elle-même
     Pique des deux : ces torches , ces danseurs,
Ces lanternes surtout aux brillantes couleurs,
Frappent tous les regards. Il faut que je le dise :
Après avoir marché de surprise en surprise,
     Par cet effet, nouveau, hardi,
Le public enchanté se croit.... à Tivoli.

# QUATRIÈME ACTE ET FIN.

Du comte de Nevers nous voyons la demeure ;
　　Valentine est seule ; elle pleure,
Et, sans être sorcier, on lit dans ses beaux yeux
Qu'un mari c'est très-bien, mais qu'un amant c'est mieux.
　　Or, pendant qu'elle se lamente,
Un bruit vient la distraire, et Raoul se présente.
— « Ciel ! Raoul en ces lieux !.. au milieu de la nuit !…
« Comment avez-vous pu…?— Comment? Cela s'explique :
« J'ai vu la porte ouverte, et pas un domestique ;
　　« Tout bonnement je me suis introduit…
　　— « D'un grand malheur vous pouvez être cause ;
« *Que voulez-vous de moi?*—*Rien.*—C'est bien peu de chose.
　　— « Je viens vous voir un seul instant,
« Puis mourir…—Ah! Raoul, vous êtes imprudent.
«Si mon mari..—Qu'il vienne!—Ah! c'est lui.—Je me sauve,
« Et je cours bravement me cacher dans l'alcôve… »
Nevers va recevoir le beau-père Saint-Bris,
Qui vient, accompagné de quelques mauvais drôles,
　　Partager les infâmes rôles
　　De la pièce des Médicis…
— « C'est ce soir, à minuit, qu'on lèvera la toile.
　　« Tenez-vous prêts, et suivez-moi ;
　　« Le projet que je vous dévoile
　« Est dès long-temps médité par le roi :
« Demain, avant qu'on ouvre une seule boutique,
« Il ne doit pas rester l'ombre d'un hérétique.
« Coligny le premier tombera sous nos coups…
　« Nobles seigneurs, puis-je compter sur vous?
　— « Point sur Nevers : la reine s'est trompée »,
　Reprend le comte en brisant son épée.
Valentine applaudit à ce noble refus.

— « Ma fille, laissez-nous, et tâchez de vous taire,
« Car vous n'entendez rien à cette grande affaire.
« Vous, saisissez Nevers, et… qu'on n'en parle plus. »
  Dans ce moment trois espèces de carmes,
  Au nom de Dieu, viennent bénir les armes.
  Ils sont suivis de petits moinillons,
  Qui, sous le froc, cachent leurs cotillons.
D'un chant religieux qui commence paisible
L'effet grandit bientôt, et devient si terrible,
  Que partout règne et l'horreur et l'effroi,
Et chacun en tremblant regarde autour de soi.
Un critique *éclairé*, comme on n'en trouve pas,
Dit : « L'effet est bien beau ; mais, malgré sa science,
« S'il n'avait point de chœurs, ni d'orchestre, je pense
« Que le compositeur serait dans l'embarras. »
    Après cette horrible entrevue,
Les assassins s'en vont : Valentine paraît.
Une heure encor, le sang coulera dans la rue.
    Raoul le sait ; il est pâle, défait ;
    Alors… Mais ici je m'arrête…
Ces magiques accords, ce lugubre tocsin,
  Me font tomber la plume de la main.
  Je vois, au lieu de l'œuvre du poète,
Une actrice admirable, un admirable acteur,
    Un illustre compositeur,
Je frémis… les cheveux me dressent sur la tête,
Et le public en masse est un GÉANT-CLAQUEUR (*).


(*) Le chantre Jérôme, voulant ménager une surprise au public, ne
lui offre point l'analyse du cinquième acte ; il ne dira même pas qu'une
fort belle scène termine l'ouvrage, et que Marcel-Levasseur remplit les
fonctions sacerdotales que le poète lui a confiées avec le talent le plus
remarquable.

PARIS. — IMPRIMERIE DE DEZAUCHE,
FAUBOURG MONTMARTRE, N° 11.

[illegible]

[illegible]

[illegible]

LA [illegible] DE VENDÔME

[illegible]